P.-A. MATHIEU REL. 1968

AF611400

LES INDUSTRIES CHIMIQUES

EN ALGÉRIE

3644

8° Lk8
3227

CP
DON
67 03700

6013

ALGÉRIE

LES INDUSTRIES CHIMIQUES

EN ALGÉRIE

PAR

J. E. LAHACHE
PHARMACIEN MAJOR DE 2e CLASSE

ALGER-MUSTAPHA
GIRALT, IMPRIMEUR-PHOTOGRAVEUR
Rue des Colons, 17
1900

UNION COLONIALE FRANÇAISE
17 OCT 1938

BIBLIOTHÈQUE NATIONALE
R.F.

LES INDUSTRIES CHIMIQUES

EN ALGÉRIE

Le Comité central algérien pour l'Exposition de 1900 a décidé que de courtes notices seraient écrites, imprimées et distribuées à l'exposition algérienne pour faire connaître la situation actuelle de la colonie à divers points de vue. Parmi ces notices il a décidé que l'une serait consacrée aux industries chimiques locales.

Nous allons tâcher de remplir le programme en ce qui touche cette dernière partie, mais nous devons dire tout d'abord que tel qu'il est tracé, étant donné que la brochure ne doit pas avoir plus de 2 à 3 feuilles, elle ne saurait être qu'une énumération un peu sèche des industries trouvées dans le pays et qui y existent encore, de celles qui y ont été créées et de celles que l'on pourrait chercher à introduire en Algérie, avec quelques notes sur chacune d'elles. Tandis que certaines : les mines, par exemple, pourraient à elles seules donner matière à un gros volume.

Une observation à faire tout d'abord et d'une manière générale c'est que, lorsqu'on parle d'industries à installer en Algérie, on se heurte aussitôt à cette réponse : Ici, aucune industrie ne réussit ; tous ceux qui ont tenté quelque chose ont perdu de l'argent. Lorsque vous objectez cependant que tel ou tel établissement industriel est prospère, on réplique que ceux qui ont échoué sont vingt fois plus nombreux et on étale en effet une longue liste de ruines.

Si alors on demande quelles sont les causes de ces insuccès, on répond que les principales sont le manque d'eau, de houille et de bois.

Ces assertions sont trop absolues. Il est inexact de dire que rien n'a réussi industriellement. Il n'est pas difficile de citer des mines ou des carrières exploitées dans de bonnes conditions, de même des tanneries, des distilleries, etc.

Il est très vrai cependant que les échecs ont été très nombreux et il est certain aussi que l'eau est insuffisante pour bien des industries sur la plupart des points de l'Algérie, que la houille ne peut être introduite à l'intérieur du pays qu'à grands frais et qu'il y a peu d'endroits où elle puisse être remplacée par le bois.

Mais à notre avis, la cause de ruine de beaucoup d'industriels, c'est qu'ils ont commencé avec des fonds insuffisants.

Il ne faut pas oublier qu'en créant une industrie en Algérie, on se met en concurrence directe avec des établissements existant séculairement en France et en Europe et dont l'outillage est allé toujours en se perfectionnant. Ils sont maintenant entre les mains de capitalistes puissants, jouissant d'un grand crédit, ayant apporté à leur matériel les plus récents perfectionnements et enfin ayant dressé dans la contrée un personnel de travailleurs, spécialistes habiles.

Pour contrebalancer tous ces avantages que ces

établissements possèdent contre les siens, le créateur algérien n'en a qu'un bon, le prix du transport entre le pays de production et l'Algérie, prix qu'il ne paie pas, puisqu'il est fixé dans la colonie. A cela peut s'ajouter encore, dans quelques cas, le prix de la matière première qui doit, nécessairement, aller se faire ouvrer en Europe lorsqu'elle est produite en Algérie : chiffons pour le papier, huile pour le savon, etc.

Ces prix de transport constitueraient le bénéfice de l'industriel algérien s'il fabriquait à aussi bon compte que l'européen, mais la marge n'est pas large et pour peu que ses capitaux soient insuffisants pour acheter les matières premières dans de bonnes conditions, que les immeubles construits ou loués ne soient pas suffisamment vastes ou bien aménagés, que l'outillage soit incomplet, la balance tombe bientôt du côté du concurrent européen qui, d'ailleurs, peut et sait faire des sacrifices pour soutenir la concurrence.

Nous pensons que là a été la cause de la plus grande partie des insuccès constatés. Les industriels commençant avec un capital de 20 ou 30 mille francs quand il en aurait fallu 100.000, ne pouvaient par suite installer d'établissements capables de lutter avec leurs grands concurrents d'Europe. Après avoir beaucoup peiné et s'être complètement ruinés ils sont partis, disant que l'industrie ne pouvait vivre en Algérie.

Outre cette cause d'insuccès (l'insuffisance des capitaux) on peut en citer d'autres, surtout quand il s'est agi de créations faites par des sociétés anonymes ou autres qui avaient réuni des capitaux considérables et très suffisants pour le cas auquel ils étaient destinés.

Par suite de faveurs, de népotisme, d'une direction anonyme et éloignée, l'affaire a été entamée en constituant des états-majors disproportionnés avec les besoins réels de l'exploitation.

Directeurs, sous-directeurs, contrôleurs, inspecteurs sont arrivés avec de forts beaux appointements mais souvent aussi sans bien connaître le métier qu'ils allaient entreprendre.

On a vu beaucoup de ces chefs, plus occupés de jouer à la ville voisine le rôle de grands industriels et s'y rendant à tout propos dans de brillants équipages, que de rester sur les lieux à surveiller et diriger l'entreprise.

Cette ostentation s'est soldée par des déficits qu'on a expliqué plus ou moins spécieusement, jusqu'à ce qu'après bien des années de mécomptes, les sociétés se soient lassées et aient tout liquidé à grande perte, disant encore : « Il n'y a rien à faire en Algérie. »

En résumé : oui, il est juste de déclarer que l'Algérie est et restera un pays beaucoup plus agricole qu'industriel et ce seront les industries agricoles qui y réussiront surtout : fabrique de l'huile, du vin, des liqueurs, des parfums, etc., la tonnellerie, etc.

Cela tient à ce que beaucoup d'industries ont de grands besoins d'eau et que les grands cours d'eau sont rares en Algérie, à ce que la houille revient à un prix très élevé aussitôt qu'elle pénètre à l'intérieur et que les forêts locales ne peuvent suppléer à ce manque de combustible.

Mais il faut persister à dire que l'établissement de bien des usines est possible avec bénéfice, en choisissant bien les points selon les matières à traiter. Si on objecte la liste des ruines industrielles, on peut répondre ou que ces ruinés avaient commencé avec une mise de fonds insuffisante ou qu'ils n'ont pas su diriger une exploitation née viable.

Ceci dit, nous entrons dans l'énumération des industries auxquelles peut s'appliquer plus ou moins étroitement la qualification de chimiques.

Mines

Les gisements miniers, on le sait, sont très nombreux en Algérie. Les principaux sont formés de fer, de zinc, de plomb ; on a trouvé aussi du cuivre, de l'antimoine, du mercure.

Beaucoup de gisements sont inexploitables par suite de l'éloignement du port d'embarquement, du manque de routes. Pour certains il faudrait ramener le minerai à dos de mulets pendant des kilomètres avant de trouver une route carrossable.

Certaines de ces mines sont exploitées depuis longtemps et donnent des bénéfices sérieux à leur possesseur. L'exploitation d'autres et non des moins connues a été arrêtée après de grandes pertes subies par les compagnies ayant entrepris leur mise en valeur. Ces insuccès ont souvent été dus aux causes générales indiquées ci-dessus.

Sur certains points, notamment dans le département de Constantine, on s'est mis depuis quelques années avec ardeur à la recherche des gisements. Certaines de ces recherches ont été couronnées de succès et les découvreurs ont pu céder dans de très bonnes conditions les mines trouvées, à des personnes capables de les exploiter.

Pour développer l'industrie minière en Algérie il faut augmenter le nombre des voies de communication, surtout des chemins de fer et abaisser autant que possible le tarif de ces voies ferrées ; ainsi pourra être entreprise l'exploitation sur bien des points où il a été impossible jusqu'à présent de le faire. On pourra même répondre des entreprises abandonnées parce qu'elles n'étaient pas viables dans les conditions existantes alors.

On peut se demander aussi s'il ne serait pas avantageux de traiter le minerai avant l'embarquement pour en diminuer considérablement le poids mort.

L'essai avait été fait pour le fer et les premiers résultats paraissaient satisfaisants. Nous croyons cependant qu'ils ne continuent point, bien que la mine soit toujours sérieusement exploitée ; elle n'exporte plus que le minerai brut.

On ne peut songer à traiter les minerais dans les gisements de l'intérieur vu le prix élevé de la houille dès qu'elle prend la voie ferrée pour pénétrer. Mais dans nos grands ports du littoral : Oran, Alger, Bône, etc., la houille vient en grande quantité d'Angleterre, surtout pour le ravitaillement des navires qui touchent à Alger et qui charbonnent en allant au canal de Suez ou en en venant. Cette matière est alors à peu près au même prix qu'à Barcelonne, Marseille ou Gênes. Or il faut amener le minerai au littoral afin de l'embarquer souvent pour de longues traversées. (C'est ainsi que les minerais de zinc vont presque tous en Belgique.)

Ne pourrait-on avant l'embarquement, sinon les amener à l'état de métal pur, du moins les traiter de manière à enlever une partie du poids mort, ne serait-ce que par des boccardages et lavages ?

Il nous semble qu'il y a là une question intéressante pour les propriétaires de mines que seuls des techniciens peuvent résoudre après étude spéciale pour chaque nature de minerai.

Phosphates de chaux

Depuis quelques années de nombreux gisements de phosphates de chaux ont été signalés, notamment dans le département de Constantine. Certains de ces gisements ont été concédés et sont actuellement en pleine exploitation. Ces phosphates sont envoyés comme engrais agricoles en France et dans différents pays d'Europe où ils sont transformés en superphosphates solubles avant d'être livrés au commerce. En effet les phosphates insolubles n'ont comme engrais qu'une très faible valeur.

Cette nouvelle exploitation des phosphates a produit sur certains points de l'Algérie une augmentation notable de travail apporté à la main-d'œuvre en même temps qu'un aliment de transport important pour les Compagnies de chemins de fer et de navigation. Certaines des premières ont adopté des tarifs très réduits pour le transport de cet article.

Dès les premières découvertes et les premières concessions accordées, les récriminations les plus violentes se produisirent. On affirmait que les concessions n'avaient été faites que par favoritisme ; d'un autre côté on jetait feu et flammes parce que certaines concessions étaient arrivées dans les mains anglaises.

Beaucoup de litiges furent portés devant les tribunaux. Un journal important de Paris, imprima en titre : « Vol d'un grand nombre de milliards au profit de « l'Angleterre et au préjudice de la France ! »

Le déroulement des procès en cours, leur dénouement devant les tribunaux ordinaires ou administratifs ont prouvé que rien de sérieux n'existait au fond de cette agitation. Quelques hommes politiques étaient mêlés à ces affaires et leurs adversaires avaient voulu profiter de l'occasion pour les déconsidérer et les forcer d'abandonner la scène politique.

Nous ne voyons pas d'ailleurs de raisons pour écarter absolument et dans tous les cas, les étrangers de l'exploitation des produits du sol. Que l'Etat possesseur de mines cherche d'abord le capital français et offre la concession à ses nationaux rien de mieux, mais quand le preneur français ne se présente pas et qu'il y a demande d'étrangers ne vaut-il pas mieux bien accueillir celle-ci que de laisser la valeur improductive.

Des mines de zinc ont appartenu d'abord à des Anglais ou à des Belges avant de revenir dans des mains françaises. Nous avons entendu dire qu'une société anglaise dépensait des capitaux importants à la recherche de gisements de pétrole.

Aurait-il mieux valu que la richesse dormit au lieu d'être exploitée par un étranger.

Comment peut-on dire que l'étranger vole le minérai qu'il emporte dans son pays. N'a-t-il pas payé le loyer du sol, la main-d'œuvre qui a creusé, les voitures, les chemins de fer et les bateaux qui ont transporté et cet argent n'est-il pas resté dans le pays entre les mains de nos travailleurs et de nos compagnies ?

Du reste en ce qui concerne les phosphates il n' y a plus à polémiquer. Une loi spéciale a été édictée pour fixer les conditions dans lesquelles les concessions peuvent être faites.

Il resterait à étudier s'il ne serait pas avantageux d'opérer en Algérie la transformation en superphosphates par analogie à ce que nous avons dit pour les mines.

Plâtres. — Chaux grasse et hydraulique

Les gisements de plâtre sont nombreux en Algérie et plusieurs offrent des échantillons de très belle qualité. Partout la production locale semble suffire et sitôt que le besoin se fait sentir des installations provisoires suffisent à satisfaire aux entreprises. Sur certains points des installations plus perfectionnées ont été faites et donnent de bons résultats. On peut considérer cette industrie comme prospère et en bonne voie de perfectionnement.

L'Algérie contient de très vastes étendues de terrains crétacés où la pierre à chaux existe en abondance. Certains calcaires taillés et polis ont presque la beauté des marbres. Ceux-ci existent d'ailleurs, bien que leur exploitation semble arrêtée par diverses causes. Mais ce ne sont point là des indications chimiques. Pour rester dans notre sujet il faut nous restreindre à la fabrication de la chaux grasse. Vu l'abondance de la matière première, des fours sont construits aussitôt qu'un chantier a besoin du produit. Sur certains points, des installations définitives existent. La chaux ne manque pas plus que le plâtre. L'Algérie est abondamment fournie sous ce rapport.

Des gisements de terre à ciment ou de chaux hydraulique ont été signalés sur divers points. Souvent trop vantés par leurs propriétaires, ils ont été abandonnés après de simples essais prouvant qu'ils ne réunissaient pas les qualités nécessaires.

Cependant quelques-uns ont offert des quantités considérables de chaux hydraulique de bonne qualité. Des capitalistes sérieux s'en sont occupés et les exploitent actuellement dans de bonnes conditions.

Ils ont à lutter contre les premières marques françaises, jouissant d'une réputation inattaquable et que des représentants locaux vantent et placent avec activité et intelligence.

Les chaux hydrauliques sont de plus en plus employées dans les constructions. Ce serait une véritable richesse de donner des gisements considérables offrant toutes les qualités des premières marques européennes. En attendant, ceux exploités rendent de réels services, pouvant être employés dans beaucoup de cas.

Tuiles, briques, poterie
Objets en ciment

Comme la chaux, l'argile existe en Algérie sur de vastes surfaces et dans beaucoup de lieux ; elle offre les qualités de pureté, de plasticité et autres, permettant de la transformer en briques et autres matériaux indispensables à la construction.

Les tuileries et briqueteries sont très nombreuses.

Elles fabriquent la tuile plate et la creuse, la brique compacte ou percée, les pans carrés, les carreaux, les tomettes.

Plusieurs de ces exploitations sont très importantes. fort bien installées, travaillant à la mécanique et pourvues de matériel perfectionné. Beaucoup d'autres desservant les petits centres de l'intérieur sont disposées dans des conditions beaucoup plus modestes. Ces dernières sont préservées de la concurrence des usines de France par la distance à franchir en chemin de fer à partir du port d'embarquement, dont le coût augmente beaucoup le prix de la marchandise d'importation.

Les usines du littoral ont, elles, à lutter contre la fabrication française qui, malgré le frêt, débarque encore dans les ports algériens en assez grande quantité. Certaines personnes prétendent que les tuiles, briques ou carreaux d'Aubagne et autres lieux non loin de Marseille sont encore supérieurs aux algériens.

Malgré cela, l'industrie peut être considérée comme prospère et bien assise dans la colonie. Il appartient aux industriels s'occupant de cette branche de se tenir au courant des perfectionnements que peut apporter l'avenir dans la fabrication et de mettre leur matériel à la hauteur de celui des concurrents européens.

Dans divers lieux, les qualités particulièrement belles de l'argile ont permis d'essayer la fabrication de la poterie plus ou moins fine. Nous ne croyons pas qu'il y ait beaucoup d'établissements de ce genre bien sérieusement installés. Quelques essais même se sont malheureusement terminés par la ruine des entrepreneurs.

Dans d'autres petites usines, de véritables artistes sont arrivés à produire de remarquables morceaux de céramique.

Il y a certainement quelque chose à faire dans cette industrie.

De tout temps les indigènes ont modelé et cuit grossièrement les quelques vases utilisés dans leur ménage. En pays arabe ce sont les femmes qui fabriquent cette poterie éphémère, qu'elles remplacent aussitôt par de nouvelles pièces quand les ustensiles sont usés.

En Kabylie, plusieurs tribus font de véritables vases d'ornement, quelquefois compliqués, sortes d'amphores simples ou doubles, lampes pour illumination, etc. Ces vases sont très fragiles, la terre mal choisie, mal préparée, mal cuite, retient mal les liquides, mais les formes des vases et les dessins dont ils sont ornés en lignes noires et rouges recouvertes d'une sorte de vernis en font des œuvres d'une réelle originalité qui appellent l'attention des européens et beaucoup de touristes en font acquisition.

Le Gouvernement général avait un moment étudié la question des moyens à employer pour donner de l'essor à cette industrie locale en la perfectionnant.

D'un autre côté, les carreaux céramiques artistiques sont utilisés dans la construction avec beaucoup de succès. Ils ne peuvent servir de retraite aux poussières et aux insectes et forment des revêtements ayant beaucoup d'avantages relativement au climat algérien.

En choisissant bien les endroits où les argiles offrent les qualités suffisantes, en y construisant une usine à poterie et céramique suffisamment outillée et en réunissant un personnel ayant les connaissances nécessaires, on arriverait sans doute à développer ici dans d'assez grandes proportions l'industrie qui nous occupe. Ceux qui s'y sont adonnés ont déjà prouvé qu'on pouvait faire très bien en petit ; il n'y a qu'à élargir le cadre. Il faut pour cela des capitaux suffisants.

On pourrait aussi s'occuper avec succès de relever l'industrie des poteries kabyles. Il suffirait de leur apprendre à mieux choisir et à mieux traiter la terre, à la cuire dans de meilleures conditions, car il faudrait se garder de modifier leurs dessins archaïques dont l'originalité fait le succès.

Une industrie relativement récente tend à prendre en Algérie de grandes proportions, c'est celle des objets en ciment comprimé et colorié quelquefois. On fabrique en quantité des carreaux et tomettes pour le sol des pièces. On construit aussi des balustrades, des tuyaux. Enfin depuis quelques temps s'est introduite la modification dite sidéro ciment, composée d'une armature de métal noyée dans le ciment pour des pièces de grande dimension. On construit ainsi de grandes amphores destinées à contenir les vins dans les caves et chaix, des tuyaux de grand diamètre etc.

Des usines importantes se sont installées sur divers points. Beaucoup progressent et fabriquent des objets de plus en plus nombreux. Certaines maisons de France leur font concurrence en installant aussi des dépôts de leurs produits qui sont similaires.

Cette industrie est implantée dans le pays d'une façon solide et durable. Il faudra toujours que nos fabricants se tiennent au courant des perfectionnements de la fabrication en Europe.

BIBLIOTHÈQUE NATIONALE R.F.

Verrerie

Il semble que la verrerie, offrant un poids lourd comme transport et des emballages volumineux et coûteux, il y aurait tout intérêt à l'installer en Algérie. Cela a été tenté à différentes reprises, mais sans succès jusqu'ici. Cependant il paraît que les matériaux nécessaires se trouvent sur divers points. Il faut, sans doute, entretenir comme cause des échecs les différents motifs indiqués plus haut d'une manière générale. Il y a là un essai à reprendre avec des fonds suffisants et une bonne direction en s'assurant de la bonne qualité des sables sur lesquels on doit opérer.

Sel marin et sel gemme

Ces sels existent sur de nombreux points de la colonie et notamment dans de nombreux lacs salés. Les indigènes exploitent et colportent le sel séculairement. Il forme un article de vente des marchés de l'intérieur. Les Européens ont installé des raffineries où le produit est épuré et ils commencent à chercher à tirer partie des sous-produits. C'est une industrie qui s'améliore et se perfectionne peu à peu.

Pétrole

A différentes reprises des gisements de houille et de pétrole ont été signalés et recherchés, mais aucun n'a donné des résultats sérieux ; il s'agissait de simples traces et aucun filon sérieux n'a été trouvé. On dit cependant qu'en ce moment même une Compagnie fait de très grands sacrifices pour arriver à extraire du pétrole de puits où sa présence a été signalée. Nous ne croyons pas qu'aucun résultat sérieux ait été atteint.

Soufre

Le développement de la culture de la vigne amène une consommation fort importante de soufre en Algérie. Ces soufres sont retirés bruts de Sicile et portés à Marseille, d'où la raffinerie les revend aux colons algériens ; il semble qu'il y aurait un grand avantage sur le transport en important directement dans la colonie les minerais bruts et en les raffinant sur place. Un essai a été tenté à notre connaissance et presqu'immédiatement abandonné. Il semble cependant qu'on pourrait obtenir un bon résultat avec une usine suffisamment bien installée.

Huile d'olive

L'olivier est très abondant dans de nombreuses parties de l'Algérie ; il y est cultivé séculairement par les populations d'origine berbère, qui fabriquent avec des moyens grossiers une huile d'un prix peu élevé, mais d'un goût fort, très désagréable pour des européens.

Plusieurs usines françaises ont été établies depuis longtemps et donnent de forts bons produits. En ce moment les producteurs d'huile se plaignent très vivement de la concurrence que viennent leur faire les huiles de coton d'Amérique. Ces huiles, presqu'insipides, sont mélangées à celles d'olives. Il faudrait, pour donner satisfaction aux producteurs algériens et français, frapper d'un droit de douane plus élevé le produit américain. Un problème chimique se pose pour la désinfection des huiles kabyles. Il a déjà été beaucoup travaillé sans grand résultat. Il est certain que si on arrivait à enlever le goût tout particulier de ces huiles, la valeur en serait très augmentée. Ce mauvais goût provient, parait-il, de ce que les indigènes laissent pourrir et fermenter les olives avant d'en retirer l'huile.

Vins

La fabrication des vins est devenue la principale industrie agricole de l'Algérie. De très importantes exploitations se sont créées, des chaix perfectionnés munis du meilleur outillage fonctionnent. Aussi le progrès est-il sensible et la fabrication va s'améliorant et se perfectionnant chaque jour. Nous ne pensons pas cependant que la confection du vin doive devenir par trop scientifique ou chimique. Expliquons-nous : les propriétaires se sont instruits sous l'impulsion de maisons de commerce qui leur envoient brochures, prospectus et même moniteurs. La plupart savent maintenant que le vin contient normalement du tartre, du tannin, des sulfates de potasse, etc. Beaucoup sont portés à croire que tous les vins doivent être comparés à un type unique où ces éléments existent dans des proportions indiquées dans les publications. De là à ajouter les ingrédients chimiques qui semblent manquer, il n'y a pas loin. Toutes ces pratiques mettent en défiance le consommateur qui désire lui, du jus de raisin fermenté, tout simplement.

Nous pensons que selon les années le sol, les conditions atmosphériques, le vin varie beaucoup et que sa composition n'a rien d'absolument stable et mathématique. Il faut se contenter de faire fermenter dans les meilleures conditions possibles, de manière à avoir un vin que l'on puisse hautement qualifier de naturel et si pour des raisons quelconques la vinification n'a pas réussi il vaut mieux se résigner à distiller pour faire de l'alcool que de chercher à racommoder un produit qui restera toujours mauvais. Il est bien entendu que la très grande majorité des vignerons algériens fait d'excellent vin naturel, mais il suffit de voir les publications dont on inonde nos cultivateurs, pour comprendre qu'il faut les mettre en garde contre tous les produits plus ou moins louches qui leur sont généralement offerts.

Bien des propriétaires ont entrepris avec succès la fabrication des vins, de liqueurs : muscats ou autres. Certains obtiennent de très bons produits.

Quelques-uns commencent à essayer la champagnisation des vins blancs et sont en voie de pleine réussite. Ce sont là des essais très intéressants. Il est évident que lorsqu'on fera du petit champagne bon et à bas prix, la consommation du produit deviendra considérable.

Alcools

Les distilleries d'alcools industriels ont été établies sur différents points en Algérie. Elles fabriquaient en employant le maïs, le riz et des mélasses venant de la haute Egypte. Les droits ayant été surélevés sur l'alcool, sans cependant qu'ils aient atteints tout à fait le chiffre de ceux perçus en France, toutes ces distilleries ont fermé, ne pouvant plus soutenir la concurrence de celles de la Métropole, car l'importation des alcools d'industrie en Algérie est toujours importante. C'est un exemple de la difficulté que l'industrie algérienne éprouve à concurrencer celle de la Métropole, soit parce que les usines sont montées avec des capitaux insuffisants, ne permettant pas l'achat d'outillage perfectionné, soit parce que la main-d'œuvre est plus mauvaise, soit enfin parce que la direction laisse à désirer.

On continue à distiller sur certains points des alcools de vin rectifiées pour servir à la confection des liqueurs. Certaines marques connues de la Métropole s'approvisionnent en partie en Algérie d'alcool de vin. Il semble que dans un pays où la vigne s'étend chaque jour, ses distilleries d'eau-de-vie de vin doivent prendre de l'extension et qu'il y a à créer ici des fabriques donnant des produits conformes aux cognacs et armagnacs de France.

Liqueurs diverses

La fabrication des liqueurs alcooliques est importante en Algérie. On y fait l'absinthe, l'anisette, très consommée par la population espagnole et juive et de nombreux autres produits plus ou moins compliqués.

Certaines marques algériennes ont acquis une véritable réputation qui a traversé la mer. Quelques-uns de ces produits sont en effet demandés même dans les établissements de la Métropole. L'industrie des liqueurs a élevé dans ces derniers temps des plaintes contre l'administration des contributions dont les agissements rendaient très difficiles et onéreuses les opérations de l'industrie. Ces plaintes ont obtenu certaines satisfactions et les distillateurs travaillent et semblent en voie de prospérité. On ne peut que leur demander de soigner leurs produits, de manière à obtenir des marques dont l'excellence n'est plus contestée, telles que celles qui ont fait et font la fortune de nombreuses maisons métropolitaines.

Bière

L'industrie et la fabrication de la bière existe et prospère sur un certain nombre de points de l'intérieur de l'Algérie. Sur la côte et dans les grandes villes du littoral les fabricants locaux se sont beaucoup laissé enlever de clientèle par la bière métropolitaine. Plusieurs des principales marques sont de bonne qualité et d'un goût agréable et toujours semblable à lui-même. Toutes les bières exportées présentent le défaut d'être alcoolisées, quelquefois même additionnées d'ingrédients chimiques pour pouvoir supporter le voyage. Il en résulte qu'elles ne peuvent être bues en quantité sans porter à la tête. Il est donc à souhaiter que la fabrication locale se relève et que de bonnes boissons faiblement alcoliques viennent remplacer les bières d'importation. Quelques échecs importants subis par des industriels qui avaient essayé de recommencer cette fabrication semblent avoir effrayé l'industrie locale et paralysé le mouvement. Nous pensons qu'il est à reprendre avec chance de réussite dans une direction sage et modérée. Les ruines dont nous venons de parler ont pour cause les conditions particulières dans lesquelles les malheureux essais ont été tentés.

Tartres, lies, déchets de vin

Comme dans tout pays de vignoble il y a à tirer parti des sous-produits du vin. Quelques négociants ont commencé à se préoccuper de cette branche. On achète les tartres et lies aux propriétaires et on expédie en France. Cette marchandise semble pauvre pour payer des transports ; il faudrait utiliser sur place en fabricant les acides tartriques.

Eaux gazeuses

Les limonades et eaux de seltz sont fabriquées et consommées en grande quantité dans toute l'Algérie. Beaucoup d'établissements ont des machines perfectionnées et peuvent donner de bons produits. Il faut leur recommander de bien soigner la fabrication en employant de bonnes eaux, lavant suffisamment les gaz, fabricant de bons sirops aromatisés avec de bonnes essences. En l'état actuel beaucoup de boissons livrées sont souvent défectueuses. En somme c'est une industrie très prospère qui doit perfectionner ses produits.

Glace

La glace se consomme en très grande quantité surtout pendant la saison d'été. Elle provient en partie de glace naturelle importée par navires de Suède et Norvège et de glace industrielle fabriquée localement au moyen de systèmes divers. De nouvelles manufactures viennent de se fonder dans des conditions de fabrication non encore employée ici et ont amené une baisse sérieuse sur ce produit. En résumé, l'industrie de la glace est actuellement en pleine prospérité en Algérie.

Essences et parfums

Sur le littoral, dans les parties irriguées, on cultive les plantes à essences, comme dans la région de Grasse. La plus développée de ces cultures est celle du géranium dont la production est assez considérable. Les cultures pourraient être étendues et variées. On fabrique déjà aussi l'essence d'eucalyptus qui est demandée surtout en Allemagne et en Angleterre. On pourrait faire des extraits de cassis, de verveine des Indes, de violette, de jasmin, etc., et aussi ceux d'hespéridées : mandarines, oranges, citrons, cédrats, dont la Sicile a en quelque sorte le monopole.

Alfas

Les alfas sont récoltés dans le Sud et exportés pour la plus grande partie en Angleterre où ils servent à la fabrication du papier. Le département d'Oran en fournit la plus grande quantité. Celui d'Alger pourra augmenter ses exportations lorsque le chemin de fer sera prolongé plus au Sud. La partie fibreuse de la plante a seule de la valeur pour la pâte à papier et la partie cellulaire forme un poids inutile à transporter. Il y aurait donc utilité à l'enlever sur place. Cette observation a été faite il y a longtemps et divers essais pour fabriquer les comprimés ou des pâtes lavées ont été tentés. Actuellement ils sont tous abandonnés sans avoir procuré de profit aux entrepreneurs. Il semble que la question peut être reprise et que bien menée, suffisamment agencée, cette préparation doit donner des résultats avantageux. Il est étonnant que l'industrie papetière française s'occupe aussi peu de l'alfa qui est employé en si grande quantité chez la nation voisine.

Tabacs

Le tabac cultivé par les colons et quelques indigènes est surtout acheté par l'administration française. Cependant de nombreuses fabriques de cigares et cigarettes se sont établies en Algérie et occupent un personnel important composé surtout de jeunes filles ou femmes. Ces produits sont exportés dans divers pays, notamment dans les colonies françaises. C'est une industrie qui parait en voie de prospérité et a déjà donné de bons résultats à de nombreux exploitants.

Poissons salés

A une certaine époque de l'année les grandes barques de pêche travaillent sur les côtes algériennes. Elles recueillent souvent beaucoup de poissons, anchois, sardines, etc. Sur certains points de la côte d'accès facile, ont été installés des atteliers de salaison où les poissons sont simplement vidés et mis en baril. Presque tous ces produits sont emportés en Italie où se ravitaillent la plus grande partie des barques de pêcheurs.

Il y aurait à installer des ateliers moins primitifs où le poisson bien traité prendrait une valeur beaucoup plus grande. Pourquoi, par exemple, ne pas faire ici la sardine à l'huile, en boîtes métalliques? Ces produits perfectionnés pourraient alors être exportés en France. Actuellement cette industrie, quoique se chiffrant par des sommes importantes, profite peu au pays puisque les pêcheurs résident surtout en Italie d'où ils apportent tout ce dont ils ont besoin.

Savons

Traditionnellement les indigènes algériens fabriquent du savon. Leur produit est mou, brun, très alcalin. Il ressemble beaucoup à la qualité dite savon vert de la droguerie française. Il figure sur tous les marchés de l'intérieur et les quantités vendues sont importantes.

A côté de cette fabrication spéciale, de nombreux européens ont chercher à fabriquer le savon commun en morceau pour lessive, brun, jaune et même blanc. L'huile existant à bon marché dans le pays, il semble que le prix du transport constituait à lui seul une prime suffisante à la fabrication, aussi les essais ont-ils eu lieu dès les premiers temps de l'occupation et se sont-ils toujours continués depuis, quelques-uns ont été fait sur de grandes proportions, avec des capitaux assez considérables. Les résultats ont toujours été mauvais ou médiocres. Beaucoup ont fini par de petites catastrophes. Quelques-uns se continuent mais paraissent plutôt vivoter doucement que marcher dans la grande voie de la prospérité. C'est toujours l'exemple des difficultés qu'on éprouve à fonder ici des industries existant depuis longtemps dans la métropole. Quelques-uns ne se laissent pas décourager.

Teintureries. — Dégraissage. — Tapis et grosses étoffes indigènes

Les femmes indigènes de l'intérieur de l'Algérie n'ont jamais abandonné la fabrication de grosses étoffes et sur certains points de celles des tapis à longue ou à courte laine. Cette fabrication se relie à l'industrie de la teinturerie qui, séculairement, est entre les mains de juifs et d'indigènes musulmans. Après que les femmes ont eu filé la laine, les indigènes la font teindre chez ces industriels qui habitent généralement les petites localités de l'intérieur. Certains, même, se transportent sur les marchés indigènes en emportant sur des mulets ou des ânes, les instruments dont ils ont besoin.

Pendant très longtemps, au moyen des couleurs végétales pour la plupart, les teintureries ont obtenu des nuances d'une solidité en quelque sorte indestructible. Ils employaient alors l'indigo, la noire de galle, la cochenille, la racine de curcuma ; ils se servirent des cyanures de fer. Depuis quelques temps ils tendent à utiliser aussi les couleurs d'aniline. Ils obtiennent des teintes beaucoup plus variées et plus tendres mais qui, comme solidité n'offrent aucune comparaison avec leurs anciens produits. Les grosses étoffes que la femme indigène tisse et teint dans les douars, outre les burnous, sont les bandes épaisses brunes ou rayées qui, réunies, forment la maison de poils du nomade. Elles exécutent aussi des étoffes rayées pour musettes et pour tellis, gros sacs doubles destinés à charger les bêtes de sommes des grains que l'on conduit au marché. Toutes ces étoffes sont d'une solidité extraordinaire. Dans bien des localités de l'Algérie, la femme indigène fabrique aussi des coussins et des tapis à poils longs et courts dont elle compose elle-même les dessins. Cette fabrication de tapis, dans la plupart des cas, n'avait pas un réel caractère commercial. C'étaient des meubles de prix, certifiant en quelque sorte la prospérité de la maison et servant à organiser le lit des hôtes. Le ménage était fier de ses tapis et les conservait jusqu'au moment ou la disette, une série de calamités venaient forcer de céder ces objets pour acheter du grain et alors ils se vendaient à un prix très inférieur à leur valeur réelle. Depuis quelque temps, le gouvernement français s'est vivement occupé de cette question de la fabrication des tapis et il a fondé à Alger une école dans laquelle on enseigne aux jeunes indigènes cette industrie. Alger n'a jamais été un centre pour la fabrication des tapis. Les femmes mauresques s'y occupaient surtout de travaux de broderies sur étoffe; le tapis se fabriquait et se fabrique encore à Kalàa, à Biskra, Laghouat, Boghar, Tourda, Frenda, El Kantara, etc., etc. Quoiqu'il en soit, il y a, dans la fabrication des tentes, tellis, tapis, une industrie excessivement importante qui doit conserver son rang et donne aux agglomérations indigènes des objets dont il leur est absolument impossible de se passer.

Tanneries

Les indigènes algériens exercent l'industrie de la tannerie depuis le commencement de leur installation dans le pays, non pas partout, car cette industrie a des besoins spéciaux mais dans la plupart des endroits où elle peut être exercée avec certaines facilités. Les juifs et les musulmans s'y occupaient. L'endroit où les produits avait le plus de réputation est la ville de Tafilala au Maroc pas très loin de la frontière algérienne, c'est là que se fabrique ce maroquin rouge qu'utilisaient notamment les spahis pour les bottes et les couvertures de selle. C'est là du moins où les produits passaient pour les meilleurs car les imitations des filali étaient préparés un peu partout.

Les européens peu de temps après leur arrivée dans ce pays, créèrent aussi de nombreuses tanneries mais sans chercher à imiter la fabrication indigène et au contraire en essayant de donner des produits analogues aux amis européens. C'est une des rares industries où les bénéfices ont été souvent obtenus et si quelques-uns s'y sont ruinés, d'autres en plus grand nombre, y ont gagné de l'argent. En ce moment certaine tanneries ont obtenu un très important développement, sont parfaitement outillées et vont prospérant de jour en jour. A côté de ces vastes établissements subsistent et continuent à faire vivre leurs propriétaires, les petites tanneries indigènes. Nous ne savons pourquoi on travaille très peu la peau de chèvre que le pays fournit cependant en quantité notable et qui est expédiée surtout à l'étranger, notamment en Amérique.

Equarrissage, engrais d'animaux, suif

Non loin des grandes villes fonctionnent maintenant des établissements industriels qui retirent des produits des équarrissages et de l'enlèvement des animaux morts sur les voies publiques. Cette fabrication tend à prendre de l'importance. On y fabrique de très beaux suifs, des sangs en poudre et autres produits qui sont facilement enlevés comme engrais chimiques. Nul doute qu'il n'y ait là le germe d'établissements industriels prospères.

Allumettes

Cette fabrication a été installée avec succès en Algérie. Des maisons importantes ont consacré à l'installation de ces établissements, des fonds considérables. Une intelligente direction a été donnée à l'exploitation. Le succès semble avoir répondu aux efforts, les marques sont expédiées en quantité dans toute l'Algérie, en Tunisie et même au Maroc. Depuis quelque temps cette fabrication a à lutter contre l'introduction de produits suédois, dont plusieurs possèdent des qualités très appréciées de la facile inflammation. La marque française fera bien de se tenir à la hauteur, afin d'empêcher de péricliter une industrie dont la réussite est très satisfaisante.

Papiers

A différentes reprises on a essayé la fabrication de papiers communs, notamment de papier paille. La matière première se trouvant dans le pays et étant réexportée en France, il semble que les prix double du transport constituent pour la fabrication locale une prime suffisante. Cependant les essais n'ont point tous été heureux, loin de là, et beaucoup ont dû arrêter leur fabrication peu de temps après l'avoir entreprise. On ne se décourage cependant pas : les essais se multiplient. Si les nouveaux venus arrivent avec des fonds suffisants pour installer leurs usines d'une façon intelligente et perfectionnée, peut-être arriveront-ils à à rendre prospère sur place l'industrie du papier commun.

Chocolats

Il y a un certain nombre d'années, les cacaos et les sucres, surtout les premiers, payaient des droits bien moins élevés en Algérie qu'en France. Aussi plusieurs essais de fabrication avaient-ils été tentés et commençaient à prospérer. A la suite de réclamations de l'industrie métropolitaine, les droits douaniers furent très surchargés et naturellement la fabrique algérienne s'arrêta. De timides essais semblent se produire encore sur divers points de la colonie, nous pensons qu'il faudra une bien sage direction et un outillage bien perfectionné pour amener des résultats avantageux.

Photographie

Voici une industrie qui est plutôt un art, mais nous ne saurions la passer sous silence, tant elle a été amenée à un point de perfection par quelques-uns de ceux qui l'exercent en Algérie. Il n'y a qu'à lui souhaiter de se maintenir aux hauteurs atteintes et qui permettent de classer la photographie algérienne à côté des meilleurs échantillons de cet art en Europe.

En résumé, il semble que les premiers produits à fabriquer en Algérie sont ceux ou très dangereux à transporter, ou nécessitant des emballages excessivement coûteux et trouvant difficilement des transporteurs dans ces produits chimiques. On peut citer les éthers, les acides, les sulfures de carbone, le chlorure de chaux, le carbonate de soude, les soufres bruts. Tous ces produits offrent par eux-mêmes, par suite des majorations de transport des prix de fabrication importante constitués par les frais accessoires de toutes sortes dont s'accompagnent les transports. Nous savons que des études ont été commencées pour beaucoup de ces produits, mais nous ne voyons pas jusqu'à présent qu'on mette la main à l'œuvre.

Il y a une observation très importante à faire. Il ne faut pas croire que parcequ'on aura installé une usine sur un point quelconque de l'Algérie, la dite usine aura à fournir à la consommation entière locale. Les divers ports algériens continueront à recevoir la marchandise métropolitaine et ce ne sera que dans un rayon mathématiquement déterminé que la fabrication locale pourra faire concurrence à cette marchandise. C'est ainsi que, vu les tarifs de chemins de fer algériens, jamais leur usine d'Alger ou de Mustapha ne pourra vendre d'acides à Soukaras ou à Mascara. Ce point devra être étudié d'une façon toute particulière chaque fois qu'il sera question d'installer ici une fabrication locale.

NOTICE

SUR

L'INDUSTRIE CHIMIQUE

dans le département de Constantine

Il semble au premier abord qu'il y ait peu de chose à dire sur l'Industrie chimique proprement dite dans le département de Constantine, et par extension, dans toute l'Algérie. En effet, le voyageur qui traverse le département, du Nord au Sud, ou de l'Est à l'Ouest n'aperçoit nulle part ce qui caractérise en France, en Allemagne, en Belgique, les grands centres d'industries chimiques ; les hautes cheminées d'usines, les cités ouvrières, les immenses ateliers bruyants, ce sol, cette atmosphère, cette population particulière aux villes où se travaillent les métaux, où s'élaborent par analyse ou par synthèse les mille produits employés en pharmacie, en teinturerie, en parfumerie, et dans une foule d'autres industries tributaires de la Chimie.

On emporte donc en général cette impression que le département de Constantine est un pays purement agricole, tel qu'il était au temps des Romains.

Mais s'il y a peu de chose à dire sur l'état actuel de l'Industrie chimique en Algérie, il y a beaucoup à exposer sur l'avenir de notre première colonie à ce point de vue. Jusqu'à présent, il a été fait très peu, il y a beaucoup à faire et peut être un jour le tableau ayant changé ce qui existera ne sera pas comparable à ce que nous voyons maintenant. Nous croyons à l'avenir industriel de l'Algérie. Il réside dans l'exploitation de ses immenses richesses minérales.

C'est dans ce sens que nous attirons l'attention du lecteur, trouvant qu'il est surtout utile d'exposer les tentatives qui peuvent être faites pour améliorer l'état de chose actuel (1).

Nous allons passer en revue les Industries qui par leur essence même où les procédés qu'elles emploient peuvent être qualifiées d'Industries chimiques.

Brasseries

Il existe des brasseries à Constantine, à Bône, à Philippeville, à Souk-Ahras, à Guelma. Mais c'est surtout à Constantine que cette Industrie a pris une importance considérable. Les procédés employés sont ceux des meilleures brasseries de l'Est en France. On fabrique la bière par fermentation haute.

Pour le houblon nous restons tributaires de l'Autriche et de la France. Celle-ci envoie également depuis quelques années des quantités considérables de bière du Midi. Aussi on peut affirmer que l'Industrie locale n'est pas en voie de progrès et cela est regrettable au point de vue de la santé publique, car les bières importées en Algérie étant, pour une conserva-

(1) Les renseignements contenus dans cette notice nous ont été fournis par MM. les Maires des communes, les Administrateurs, les Services du département, en particulier le Service des Mines et les Industriels.

tion impossible sans cela, additionnées d'alcool, constituent un liquide peu hygiénique.

Bien que la fabrication de la bière donne un produit d'autant meilleur que le climat est plus froid, disons en passant, qu'on peut parfaitement en Algérie obtenir d'excellents produits en aménageant convenablement les usines, les caves et en donnant au produit obtenu les soins nécessaires.

On peut évaluer environ à 20.000 hectolitres la quantité de bière fabriquée annuellement dans le département.

La chaux

Les gisements de carbonate de chaux exploitables pour la fabrication de la chaux sont nombreux en Algérie. Des fours à chaux peu importants existent sur des milliers de points dans le département de Constantine. Mais un des centres principaux est Bougie ; là, le massif montagneux du Gouraya fournit plus de 12.000 tonnes de chaux hydraulique et de ciment par an. La région de Constantine produit également une quantité qu'on peut évaluer à 6.000 tonnes environ annuellement. Cette industrie pourrait être développée davantage encore à condition d'avoir des débouchés en Europe et des facilités de transport permettant de lutter avec la production européenne.

Le Col des Oliviers produit également 600 tonnes par an.

Enfin les indigènes sur une foule de points du territoire exploitent pour les besoins locaux et dans des fours rudimentaires le calcaire répandu à profusion.

Citons comme principaux centres de l'industrie indigène : la Soummam, Khenchela, Rénier, Mila, Mzala, Aïn Korma, etc.

La chaux est utilisée en Algérie pour les constructions, l'épuration du gaz d'éclairage, la savonnerie, la tannerie.

Les engrais. — L'équarrissage

L'emploi des engrais animaux pour l'agriculture a été jusqu'à présent très négligé en Algérie. D'autre part, il n'existe dans notre département aucune usine analogue à celle de Nanterre, mais ce qui sera longtemps une source de richesse pour l'Algérie, c'est l'exploitation des engrais minéraux : phosphates, et peut être un jour les nitrates. (Il existe quelques gisements de guano, trop peu importants et trop peu riches en azote et en phosphore pour constituer une industrie proprement dite).

Nous reparlerons de cette question à l'article : Mines et carrières.

L'équarrisage se pratique également d'une façon très primitive, les peaux des animaux étant seules utilisées et encore : le tannin, le sel, la chaux sont les principaux adjurants employés pour le tannage.

Une tentative très intéressante est faite en ce moment à Constantine pour tirer parti des cadavres d'animaux. Au moyen du désinfecteur Otte qui permet par des procédés de cuisson à la vapeur perfectionnés, d'utiliser sous forme de graisses pour éclairage, de guano pulvérulent pour engrais, les cadavres de tous les animaux. Les gaz dégagés pendant l'opération sont utilisés dans le foyer comme combustibles et aucune mauvaise odeur n'est perçue.

Utiliser autant que possible les déchets de la vie et les matières organiques est toujours au point de vue économique une tentative intéressante. Il y a intérêt à la propager en Algérie.

Distilleries. — Eaux gazeuses

Distillerie. — Cette industrie est complètement tombée. Il n'existe peut-être pas dans tout le département vingt distillateurs. Il serait facile de faire revivre cette industrie. Ce ne sont pas les matières premières qui manquent ici étant donné l'état prospère de la vigne en Algérie. Pour le moment, les centres où l'on distille encore et très peu sont : Bougie, Philippeville, Bône, Constantine, Mondovi.

Quelques industriels recevant des essences de France, fabriquent encore par distillation des liqueurs telles que l'anisette, principalement à Constantine, l'alcool ainsi redistillé avec les essences est de l'alcool de grain provenant du Nord de la France.

Eaux gazeuses. — Des fabriques d'eaux gazeuses existent à Constantine, Bône, Batna, Bougie, Sétif, Guelma et dans les principaux centres. L'acide carbonique est produit par le carbonate de chaux facile à trouver dans tout le département et l'acide sulfurique provenant de France. Il n'existe en Algérie aucune fabrique d'acide. En été surtout, l'industrie de l'eau et des limonades gazeuses sera toujours prospère en Algérie.

Huiles. — Essences et parfums

Huile d'olive. — L'industrie de l'huile d'olives est une des richesses de l'Algérie et on doit tendre à l'accroître de plus en plus.

Deux grands centres de production par des méthodes françaises sont Constantine et Guelma où se trouvent les usines Lavie. La production annuelle de celle-ci est d'environ 1.000 hectolitres.

Dans une foule de communes, les arabes se livrent à la fabrication de l'huile d'olive. Leur produit ne peut rivaliser comme qualité avec ceux qu'on obtient dans le midi de la France.

Le procédé indigène consiste généralement à faire bouillir les olives dans de grandes marmites en cuivre, on les fait ensuite sécher sur l'aire pendant 2 ou 3 jours après quoi on les écrase, l'espèce de pâte que l'on obtient est mise dans des sacs en alfa, que l'on dispose les uns au-dessus des autres sous le pressoir pour en extraire l'huile. Les grignons servent de combustibles ; quelques industriels, entre autres dans le centre de la Soummam, les expédient à Marseille.

Les principales régions où l'huile d'olive est fabriquée par les indigènes sont : Philippeville, Strasbourg, El Kseur, la Soummam, Gastonville, Gastu, Kellermann, Oued Marsa. La région de Jemmapes produit à elle seule par an 60 quintaux d'huile.

On peut évaluer la production totale à 13.000 hectolitres.

Essence de géranium. — La seule essence fabriquée dans le département de Constantine est celle de

Géranium-Rosat, sur les territoires de Philippeville et du Col des Oliviers.

Il s'en exporte par an en France, 80 kilogs environ.

Cette industrie pourrait être développée.

Quelques israélites indigènes fabriquent eux-mêmes et pour leur usage l'eau de fleurs d'oranger par distillation.

Liège

L'industrie du liège prend place parmi les plus importantes de l'Algérie. Après le démasclage le liège est traité par l'eau bouillante dans des chaudières ou par la vapeur sous pression dans des cuves en pitchpin venant d'Amérique. On favorise le blanchiment par des traitements à l'acide sulfureux ou à l'acide sulfurique.

Le liège est ensuite emballé en planches pour être expédié aux industriels soit en France, en Russie, en Angleterre, ou en Algérie même.

La région de Bougie produit des quantités de liège considérables. Un seul industriel à Bougie envoie sur les marchés européens plus de 1.100 tonnes de liège par an. L'exploitation est considérable également sur les territoires de Philippeville, Jemmapes, Bône.

Trois grandes sociétés exploitent les forêts comprises sur la commune de l'Edough près de Bône.

Une seule de ces sociétés produit plus de 1.320 tonnes de liège par an. La production totale pour la région dépasse 5.000 tonnes annuellement.

La société de la petite Kabylie a depuis 5 ans exporté en Russie, en Angleterre et en France pour plus de 6 millions de francs de liège.

On voit quel intérêt la France a à protéger et à développer l'industrie du liège en Algérie.

Parmi les difficultés contre lesquelles l'industrie particulière a à lutter, nous devons pourtant signaler celles qui lui sont suscitées par l'Etat lui-même qui jette chaque année sur le marché plus de 50.000 quintaux de liège algérien, à des prix inférieurs à ceux des industriels dont il n'a pas les mêmes frais généraux.

A l'industrie du liège nous rattachons l'industrie du bois employé à certains usages, tels que le pavage des grandes villes, les traverses de chemin de fer, les poteaux télégraphiques.

Les pins de la Petite Kabylie fournisssent pour ces différents usages des matériaux excellents.

Imprégnés sous pression de dérivés des phénols retirés de la houille et traités par une solution de sulfate de fer, ils sont employés en Algérie même pour le pavage de la ville d'Alger, pour les différentes lignes télégraphiques et comme traverses sur le réseau de l'Est-Algérien.

Nous pensons d'après quelques expériences que nous avons vu faire à Bône que le bois d'eucalyptus, si difficile à cause de sa texture à utiliser dans certaines constructions et pour l'ameublement, donnerait d'excellents résultats peut-être supérieurs à ceux que donne le pin, pour les usages que nous venons de décrire.

De ce côté, il y a donc quelques essais à tenter.

Minerais divers. — Mines, Carrières

Il faudrait plusieurs volumes pour décrire les richesses minérales du département.

Dans cette notice nous nous bornerons à énumérer rapidement les centres miniers principaux. Cela suffira pour montrer quel parti l'activité humaine pourrait retirer de l'Algérie au point de vue des métaux les plus importants, si les capitaux affluaient dans notre colonie.

Le fer existe dans les principaux massifs montagneux de la côte, depuis les frontières de la Tunisie jusqu'à Bougie, soit à l'état de fer oligiste, soit à l'état d'hématite brune, soit à l'état de fer magnétique, soit à l'état de pyrite.

Le gisement le plus anciennement exploité et un des plus importants est celui de Mokta, commune d'Aïn-Mokra, près de Bône, qui fournit annuellement 100.000 tonnes de minerai. El'kimen fournit encore 6.000 tonnes de fer oxydulé.

Sur le territoire de la Soummam on trouve du fer oligiste et de l'hématite brune renfermant 58 0/0 de fer. On pourrait retirer là environ 300 tonnes de minerai par jour.

Sur le territoire de la commune de Cheroua on trouve du fer magnétique et de la pyrite de fer.

Sur le territoire d'Aïn-Roua on trouve de l'hématite.

Si le département de Constantine possédait un bassin houiller toutes ces richesses seraient faciles à exploiter, malheureusement il faut les exporter au-dehors.

Les gites de zinc sont aussi répandus que ceux de fer. On trouve de la calamine sur le territoire de Souk-Ahras, dans la région de Sétif à Mâadid, sur le territoire des communes de Khenchela, d'Aïn-M'lila, de Colbert, d'Aïn-Roua, de Kellermann, de Sédrata, de Tébessa (1).

L'exploitation de ces minerais a pris subitement un développement extraordinaire.

Le gisement de Tocqueville (Colbert) donne en ce moment 20 tonnes de calamine par jour.

On peut évaluer à 250 tonnes par jour la quantité de calamine qui sort du département de Constantine. Ce chiffre ne fera qu'augmenter rapidement. (Les calamines exploitées donnent depuis 35 0/0 de zinc.) On trouve des gites plombifères sur le territoire des communes de Souk-Ahras, Khenchela, Kellermann.

L'antimoine est répandu dans les régions de Canrobert et dans le cercle de Khenchela (sulfure).

Les mines d'antimoine d'Hamimatt (Canrobert) méritent d'être exploitées. (En 1898, Constantine a exporté 17.000 tonnes d'antimoine (sulfuré).

(1) Les Romains ne connaissaient pas le zinc à l'époque où ils occupaient l'Algérie dans les mines où ils exploitaient le plomb qui accompagne souvent la calamine, ils sont passés près de celle-ci sans y toucher. De ces galeries plombifères où nous retrouvons aujourd'hui la trace des Romains, nous retirons le zinc sur plusieurs points en Algérie et en Tunisie.
Le zinc existe peu ici à l'état de blende et de smithsonite. C'est surtout à l'état de zinzite et encore plus à l'état de calamine que l'on extrait le minerai. L'absence de charbon ne permet pas de le distiller sur place. Mais il serait à désirer qu'on pût au moins le griller pour diminuer le poids de matière inutile en ramenant le produit à l'état d'oxyde. La dépense en charbon serait peut-être bien compensée par la diminution des frais de transport.

On trouve sous différents états le cuivre et l'argent sur les territoires de Khenchela, Oum-el-Bouaghi, dans les massifs montagneux compris entre Bougie et Sétif.

L'Algérie possède des gites de mercure (cinabre) aussi riches que les gisements d'Almaden et d'Idria. Malheureusement pour des causes économiques diverses leur exploitation n'a jamais donné jusqu'ici de brillants résultats.

Dans le département de Constantine on trouve le minerai de mercure sur les territoires des communes de Cheraia, Sedrata et dans différents massifs des Aurès. Il serait facile d'opérer sur place le traitement de tels minerais. Enfin il existe sur différents points du département, en particulier dans les Zibans, des gites de baucite qui détermineront peut-être un jour, en Algérie, la création de l'industrie de l'aluminium.

Tout le monde connait l'étonnante histoire des phosphates en Algérie. Des régions complètement déshéritées sont ici, aujourd'hui, en pleine prospérité par suite de la découverte inopinée de gites considérables de phosphate de chaux.

On exploite actuellement les phosphates à Bordj-R'dir (Sétif), à Tocqueville (Colbert), à Kellermann, à Morsott (Tébessa).

Colbert exporte annuellement plus de 200 tonnes par jour.

Sur le territoire de la commune de Tébessa trois grandes exploitations livrent annuellement au commerce plus de 200 mille tonnes par an. Si l'Algérie possédait les richesses minières de l'Allemagne chacune des exploitations serait pourvue d'usines à acide sulfurique ce qui permettrait la transformation sur place des phosphates en superphosphates.

L'exploitation des phosphates algériens est en pleine prospérité et ne demande qu'à s'accroître étant donnée la richesse des gisements qui peuvent largement satisfaire aux besoins de toute l'Europe. (Ces phosphates titrent de 40 à 80 0/0).

A la suite de l'exposé rapide que nous venons de faire des richesses minières d'Algérie, on voit combien serait nécessaire ici l'existence de industries chimiques secondaires qui accompagnent ordinairement les grands centres d'exploitation d'ordre chimique. C'est ainsi que l'Algérie aurait besoin de produire elle-même les acides sulfuriques, chlorhydrique, etc.

Les matières premières ne manquent pas, on trouve des pyrites partout. D'immenses étendues occupées par des chotts, des lacs salés, sans compter des massifs montagneux comme le Djebel-Gharigou près d'El-Outaia fourniraient le chlorure de sodium nécessaire à la production de l'acide muriatique et pourraient en même temps produire le bicarbonate de soude et surtout le carbonate de soude, si employé dans une foule d'industries et si utile dans l'économie domestique.

Mais chaque fois qu'on songe à compléter l'outillage industriel de ce pays si riche en mines, on est arrêté par cette insurmontable difficulté ; l'Algérie ne possède pas de houille et il ne faut pas songer jusqu'à présent à obtenir des produits pouvant supporter la concurrence européenne, en se servant de combustible importé de France ou d'ailleurs. Ceci nous amène à parler des charbons algériens découverts jusqu'à ce jour.

Les combustibles fossiles du département de Constantine

L'Algérie possède plusieurs variétés de lignite.

Dès les premières années de l'occupation, des gisements peu considérables de ce combustible furent découverts un peu partout dans les trois provinces : au Fondouck, près d'Alger, à Aumale, à Saâda, aux Ouled-Djellal, à Dellys, à Smendou, etc.

En 1852, M. Ville, ingénieur en chef des mines à Alger, tout en faisant espérer qu'on trouverait mieux un jour, ne permet pas d'illusion sur la valeur des charbons mis à jour.

« Quoique le terrain houiller n'ait pas été reconnu « jusqu'à ce jour en Algérie, on ne doit pas renoncer « à l'espoir de découvrir des gîtes de combustibles « minéraux, soit dans le terrain tertiaire, soit dans « des terrains secondaires crétacès, qui sont si déve- « loppés. »

« ...Les gisements trouvés à Ténès, Dellys, Aumale, « prouvent que des recherches plus étendues pourront « amener un jour, la découverte de gîtes de combus- « tibles utilement exploitables. » (Recherches sur les roches, les eaux et les gîtes minéraux d'Algérie, par Ville, 1852, page 271).

Jusqu'à présent, l'exploitation des lignites est restée à peu près nulle en Algérie, tout à cause de l'exiguïté des dépôts que par suite de la faiblesse de leur pouvoir calorifique.

Tout au plus, quelques sociétés, quelques particuliers, tentaient-ils de temps en temps des fouilles vite arrêtées par des déceptions ou le manque de capitaux.

Pourtant, depuis quelques années, l'exploration du sol en vue de découvrir du combustible, a repris avec un peu d'activité. Cette activité coïncide avec la mise en valeur des gisements de phosphates et la découverte de quelques nappes de pétrole. Les richesses du sol semblent de nouveau attirer les efforts des colons et des chercheurs un peu désillusionnés par cinquante années d'entreprises infructueuses.

Nous trouvant à Constantine, au moment où de nouvelles recherches étaient faites à la base de la chaîne du Zouara, dans la craie supérieure, sur les territoires du Rouached et de Fedj-Mézala d'une part, d'autre part entre Guelma et Aïn-Beïda, sur le territoire de Sedrata, dans le miocène inférieur, nous nous sommes procuré du charbon de ces trois régions et nous l'avons analysé.

Voici le résultat de nos analyses avec les remarques qu'elles nous suggèrent :

Non seulement les combustibles du Zouara et de Sedrata sont très riches en carbone, mais ils dépassent comme capacité calorifique les meilleurs lignites de France. Ceux-ci ne renferment guère plus de 60 à 65 p. 0/0 de carbone ; au total nous avons trouvé de 70 à 77 p. 0/0 de carbone.

Les lignites de France sont hygroscopiques. Le combustible constantinois ne l'est pas. Il ne renferme que peu de cendres et d'humidité. Le taux des matières inertes dans les lignites français (L. d'Aix, de Nanosque, etc.) varie de 15 à 20 p. 0/0. Ici nous tsouvons de 4 à 13 p. 0/0.

Composition des charbons de		Fedj N'zala	Rouached	Sédrata	
Densité		1.25	1.18	1.36	
Humidité		1.35 %	1.25 %	4.45 %	
Carbone total		66.10	75 »	68 à 70 » %	
Coke (sans les cendres)	100 =	51.97	57.30	47.20	= 100
Matières volatiles (eau comprise)		40.33	40 »	45 »	
Cendres		7.70	2.70	7.80	
Soufre des sulfates		0.02	0.03	0.10	

Composition des cendres des charbons de Rouached et de Sédrata

Pour 100 grammes de charbon	Rouached 2 gr. 708	Sédrata 7 gr. 8
	grammes	grammes
Potasse-soude	0.300	0.605
Chaux	0.470	1.561
Sulfure de chaux	0.502	traces
Silice	0.221	1.903
Fer et alumine (sesquioxydes)	1.215	3.731
	2.708	7.800

Matières volatiles 0/0 de charbon	Rouached	Sédrata
Eau	1.25	4.45
Bitume	14 »	12 »
Gaz	24.75	28.55
	40 »	45 »

Les lignites de France renferment des pyrites en forte proportion (soufre 0,50 à 1,85 p. 100). Nous sommes ici loin de ces chiffres (0,02 à 0,10 p. 100). Or, on sait combien le soufre détériore les appareils dans l'industrie métallurgique, entrave l'extraction des métaux et abaisse la valeur du combustible.

Par leur constitution, en ce qui concerne les matières volatiles (eau, gaz, bitume), le combustible constantinois se rapproche aussi bien des houilles flamboyantes que des lignites secs.

Enfin, les lignites alpins proviennent de la famille des conifères (Beudant, Traité de minéralogie).

Nos échantillons, qui datent sans doute de la même époque, puisque le soulèvement de la plus grande partie du sol algérien coïncide avec le soulèvement alpin, présentent bien les traces de zones ligneuses, concentriques, qui prouvent que le charbon a pour origine des plantes dicotylédones, mais ces zones sont étroites, plissées, irrégulières, rappelant les anomalies des aristoloches, des lianes, des ménispermées, mais non la texture des conifères, non plus d'ailleurs la structure des monocotylédones et des cryptogames gigantesques d'où la houille dérive.

Les caractères que nous venons d'énumérer sont communs à nos trois échantillons. Tous trois sont légers, sonores, à cassure nette, brûlent avec une flamme fuligineuse. Leur surface est douée d'un certain éclat.

L'espoir que M. l'Ingénieur Ville faisait naître se réalisera-t-il ? Finira-t-on par trouver dans les couches crétacées de l'Algérie des masses de combustibles exploitables ? Nous ne le savons.

Rien n'indique que le sol algérien recèle des dépôts charbonneux pouvant donner naissance à une vaste exploitation et nous serions désolés que, sur la foi de nos conclusions qui sont purement théoriques, des particuliers s'engagent dans des entreprises aléatoires.

Mais nous constatons que les charbons que nous

avons analysés méritent d'être de la part de l'industrie l'objet de sérieuses expériences.

Ils semblent établir le passage insensible des lignites proprement dits aux houilles flambantes.

Ils justifient cette assertion du professeur Grüner :

« Les houilles forment une série continue depuis les lignites secs jusqu'aux anthracites. » (Traité de métallurgie).

Enfin ils montrent combien il est difficile d'enfermer dans les limites de la classification les différents types que l'on rencontre aussi bien chez les végétaux, dont il ne reste que le squelette charbonneux, que chez les végétaux vivants.

Les dernières analyses faites à l'Ecole des Mines à Paris, confirment l'opinion que nous émettions, il y a 3 ans, sur les charbons de Rouached. Une analyse signée Carnot, portait cette mention : Lignite passant à la houille (1897).

Si nous avons un peu insisté sur la question des charbons fossiles, c'est qu'elle est tellement importante pour l'avenir de l'Algérie, qu'elle mérite d'attirer de nouvelles recherches.

C'est l'Angleterre qui fournit la plus grande partie du charbon nécessaire aux petites industries, à l'exploitation des voies ferrées et aux usines à gaz (plus de 100 mille tonnes par an).

Aucune de celles-ci ne possèdent dans le département un outillage permettant l'utilisation des produits dérivés du goudron de la houille. Ces usines tendent peu à peu à disparaître pour faire place à des usines d'éclairage électrique (Batna, Sétif, Biskra, etc.) Les chutes du Rhummel, à Constantine, pourraient procurer une force motrice suffisante pour l'installation d'une telle usine.

Nous ne voulons pas quitter les richesses minières sans parler de l'espoir que nous avons de trouver un jour des nitrières dans le Sahara. Déjà autrefois, des gisements d'alun ont été signalés dans l'extrême-sud, entre Hassi-Messeguon et Amguid.

Le nitre dans le Sahara. — La présence du nitre dans la zone soumise à notre influence pourrait devenir pour nous une source d'activité et de richesse plus grande encore peut-être que la mise en exploitation des phosphates. La première fois qu'il nous a été donné de soupçonner l'existence de nitrières importantes dans l'extrême-sud, c'est lorsque, faisant l'analyse de certaines eaux artésiennes de l'Oued-R'hir, nous avons constaté que ces eaux qui viennent du Sud, des profondeurs du bassin de l'Igarghar et de très loin, renfermaient des proportions anormales d'azotates alcalins. C'était en 1886. Depuis, d'autres spécialistes se sont occupés de cette question.

M. l'Ingénieur [illegible]ouleyre, dans une note parue le 12 septembre 1896, dans la *Revue Scientifique*, expose les raisons géographiques et géologiques qui nous portent à croire à la présence du salpêtre dans le Sahara français, du côté de la Sebka d'Amagdon. Espérons que prochainement ses prévisions se vérifieront.

La découverte de mines de salpêtre, analogues à celle du Chili, amènerait la construction immédiate du Transaharien et serait pour l'Algérie une source de prospérité et de richesse.

Le charbon dans le Sahara. — Rappelons enfin que M. Foureau a découvert des affleurements carbonifériens au sud de Temassinin, pas loin de la bordure du plateau du Tinghert, dans l'Erg d'Issaouan (environ à 500 kilomètres S. d'Ouargla). Le carboniférien occupe là-bàs une grande surface. Ses affleurements s'arrêtent à peu près au niveau de l'Oued Assekkifal. (Mémoires de la Société des Ingénieurs de France. Bulletin de janvier 1897. Note de M. Bergeron, sous-directeur du laboratoire de géologie de la Sorbonne). La construction du Transaharien pourrait donc encore donner un nouvel essor à l'industrie des minerais et peut-être créer de toutes pièces la grande métallurgie en Algérie.

Papeteries

Cette industrie ne peut avoir de grands débouchés dans le département. La population n'est pas assez considérable, la récolte des chiffons y est plus difficile qu'en France où tout se concentre rapidement. Les papeteries sont trop rares en Algérie pour qu'on puisse songer à créer l'industrie de la pâte de bois.

Dans certaines régions peut être réussirait-on à faire un produit rénumérateur avec la pâte d'alfa. Ce n'est pas le cas dans la région de Constantine.

Néanmoins la seule papeterie du pays, installée au Hamma est en voie de prospérité. Munie d'un outillage moderne perfectionné, elle produit au moyen d'un mélange de chiffon et de paille un papier ordinaire peu coloré et depuis son installation, l'usine a constamment amélioré ses produits. Elle fabrique actuellement 13 quintaux environ de papier par jour.

(La région du Hamma où fonctionne cette papeterie est remarquable par ses sources importantes. Plusieurs grands moulins français utilisent les chûtes d'eau, mais on peut affirmer que les 3/4 des forces motrices naturelles qui existent sont utilisées. Nul doute qu'un jour des industries de diverses natures, profitant des conditions exceptionnelles de la région, soient créés et prospèrent au Hamma).

Le plâtre

L'Algérie est essentiellement le pays du gypse. Sur tous les points du département on fabrique du plâtre. Il n'est pas un village où les indigènes ne fabriquent eux-mêmes celui qui est nécessaire à leurs besoins. Enumérer les fours à plâtre serait un travail fastidieux comme de faire la statistique du plâtre fabriqué, ou de citer les gisements qui existent dans le département.

Disons seulement que les localités où cette industrie est le plus florissante sont : Constantine (gisements du Chettaba), Guelma, Khenchela, la Soummam, Aïn-Abessa, M'sila, etc.

Mais c'est dans le Sud que la question du plâtre devient particulièrement intéressante et importante au point de vue de l'habitation.

Certaines régions du Sahara formées d'alluvions quaternaires sont totalement dépourvues de roches. C'est ainsi qu'entre Biskra et Tougourt, les éléments fluviaux, quartz, marnes, argiles sont en maints endroits recouverts de couches gypseuses polymorphes (fleurs du Souf, gypse en dalles, gypse amorphe, etc). A mesure qu'on s'enfonce dans l'extrême-sud, le gypse devient de plus en plus rare pour faire place au quartz dans les bassins de l'Igayhou et de l'oued Mya. Les habitants des oasis dans la zône soumise à notre influence bâtissent leurs demeures en pisé ou toube, sorte d'argile comprimée, découpée en briques et séchée au soleil. Depuis quelques années on a imaginé d'utiliser les pierres gypseuses pour fabriquer un plâtre excellent, très résistant avec lequel le service des affaires indigènes est parvenu à construire à El Oued, Souf et à Tougourt de véritables palais avec galeries, doubles voûtes, coupoles qui sont le véritable type des constructions rationnelles du Sud. Il s'est créé là une véritable industrie qui mérite toute l'attention des observateurs.

Les savons

L'Algérie, pays de l'olive, est aussi le pays du savon.

L'industrie du savon est essentiellement indigène et ces derniers l'ont répandue sur tous les points du département.

Mais il n'existe aucune savonnerie perfectionnée et exportant ses produits. La manière d'opérer des arabes est très primitive. Voici en quoi elle consiste généralement : Dans un récipient qui est habituellement une cruche hors d'usage, dont le fond a été préalablement percé et dont l'ouverture inférieure est bouchée à l'aide d'un débris de tuile ou de brique garni de chiffons, on verse une certaine qaantité de cendres et de chaux (2 parties de cendre pour une 1 partie de chaux) sur lesquelles on jette de l'eau froide. Cette sorte de lessive tombe goutte à goutte dans un second récipient placé au-dessous. On mélange alors cette lessive par parties égales avec de l'huile. On fait bouillir le mélange pendant 3 ou 4 heures en ayant soin d'agiter pendant l'ébullition. Le liquide s'épaissit, se transforme en une pâte noirâtre onctueuse. C'est le savon.

On vend sur les marchés arabes de l'Afrique du Nord un produit que les arabes appellent tfoll. C'est un savon minéral naturel composé principalement d'un mélange de carbonates et de silicates alcalino-terreux. Il existe dans le Sud du département plusieurs gisements de ce corps. Un des plus importants est celui de Sidi-Khaled dans les Zibans. On n'a pas encore tiré de ce produit tout le parti possible. Nous le recommandons à l'attention, c'est un composé doué de propriétés émulsionnantes remarquables et qui pourra peut être un jour être exploité avec succès en vue de plusieurs applications (Voir la Nature du 3 mars 98).

Tannage. — Cuirs. — Laines. - Teintureries

Le principal centre de tannage est Constantine, où il existe plus de 30 tanneries indigènes. Les procédés employés sont très primitifs, on ne fabrique pas de cuirs fins. Les indigènes se servent généralement de tan et de chaux. Certains cuirs sont ensuite colorés avec des bois tinctoriaux. Les cuirs obtenus servent à la fabrication de chaussures arabes, de sacoches et de la sellerie indigène. On trouve dans tout le département jusque dans l'extrême-sud des produits fabriqués à Constantine.

Les Kabyles ne pratiquent pas le tannage proprement dit. Il se contente de saler les peaux des animaux qu'ils ont abattus (moutons, chèvres, bœufs) sans même les épiler.

Les peaux de moutons et de chèvres sont transformées en outres pour le transport de l'eau ou de l'huile, ou en sacs destinés à recevoir les provisions (blé, orge, farine). Des peaux de bœufs, les kabyles font des sandale et des courroies.

Les peaux de moutons ou de chèvre préparées se vendent de 1 fr. 50 à 2 fr. 50, les peaux de bœufs de 10 à 15 francs.

L'Algérie exporte peu de cuirs, on aurait intérêt à provoquer et à favoriser cette exportation. Il n'en est pas de même des laines qu'on expédie en quantités considérables sur la France. Ce dernier produit est envoyé brut, il n'existe dans le département aucune usine pour la préparation des laines. Dans l'extrême-sud, les laines préparées par les arabes servent à la préparation d'excellents tapis, diversement colorés, soit à laine longue, soit à laine courte. Les laines de ces tapis étaient exclusivement teintes autrefois avec des couleurs végétales. On commence aujourd'hui à utiliser pour ce travail les matières colorantes dérivées de la houille.

Tuilerie. — Briquetterie. — Céramique

De tout temps les indigènes ont connu l'art de cuire l'argile et de faire des briques. Cette industrie n'a jamais décru et le long de l'Oued-Sahel, du Rhummel aussi bien que dans les Hauts-Plateaux, les arabes fabriquent leurs briques dans des fours primitifs.

Dans le Sud, le manque de combustible d'une part, d'autre part l'absence presque totale de saison pluvieuse a entraîné les indigènes à employer l'argile sans la cuire, mais simplement en la comprimant et en la faisant sécher au soleil pour édifier ensuite leurs habitations.

L'industrie de la brique est donc une industrie purement locale.

A côté de cette industrie indigène, quelques européens ont installé des tuileries perfectionnées. On a découvert des bancs d'argile excellente donnant des produits solides imperméables et qui peuvent lutter avec les meilleurs produits français. Telles sont les tuileries de Philippeville, de Constantine. (Le territoire de Bizot produit des argiles plastiques excellentes).

La tuilerie du Rhummel à Constantine, fait elle-même des ouvrages de céramique vraiment artistiques.

Elle possède des fourneaux en terre réfractère, des matières premières, un outillage, des procédés d'emploi d'oxydes métalliques et de colorants divers qui lui assurent un des premiers rangs dans l'industrie et de ses ateliers sortent de véritables œuvres d'art, vases divers, vasques décorés, chapiteaux, garnitures pour kiosques en briques, vernissés pour jardins, etc.

La tuilerie du Rhummel fabrique annuellement plus de 1.200.000 tuiles diverses et plus de 800.000 briques diverses.

Elle emploie pour la fabrication, suivant les objets qu'on doit obtenir, soit séparément, soit mélangées dans des proportions déterminées, différentes sortes d'argile. Le territoire de Constantine fournit surtout des argiles calcaires.

Sur le territoire de Djebel-Ouach, on trouve de l'argile ferrugineuse renfermant des aluminates.

Cette variété constitue une véritable terre réfractaire.

Le territoire de Bizot fournit une argile siliceuse très belle donnant des produits imperméables parfaits, ce qui n'est pas le cas avec l'argile constantinoise.

Malgré ces conditions, la tuilerie lutte difficilement avec les produits venus du midi de la France où la main-d'œuvre étrangère, italienne surtout, travaille à très bas prix.

D'autre part les tarifs de transports des chemins de fer algérien sont trop élevés. La tonne de charbon de terre coûte 10 francs de transport de Philippeville à Constantine.

Nous engageons vivement nos visiteurs à se rendre compte de l'installation de la tuilerie du Rhummel. Ils trouveront une organisation toute moderne avec appareils et broyeurs perfectionnés et dans son musée des émaux colorés, des objets d'art, des habitations, des moulages de toutes sortes, enfin une collection qu'on est très étonné de rencontrer à Constantine.

Industries diverses qui pourraient être créées en Algérie

Dans l'exposé que nous venons de faire, nous avons passé sous silence la minoterie qui est une des industries les plus florissantes de l'Algérie, mais qui ne peut rentrer dans la catégorie des industries chimiques. Nous ne dirons qu'un mot de l'industrie du tabac cultivé par les indigènes et vendu aux commerçants européens sans avoir subi aucune préparation. Jemmapes et La Soummam sont les principaux centres de ce commerce qui livre au marché de 7 à 8.000 kilogrammes de tabac annuellement.

Les tartres de vins sont l'objet d'un commerce peu important.

La verrerie est une industrie à créer dans le département. (Elle réussirait peut-être à Biskra où on trouve des grès silicieux très purs et très fins.)

Enfin il est une industrie d'ordre chimique qui mériterait d'éclore en Algérie et y rendrait de grands services. C'est celle des eaux minérales naturelles.

Chaque année une foule d'Algériens, commerçants, fonctionnaires, etc., va chercher dans les différentes villes d'eaux de France, les soins et le repos que réclame un organisme fatigué par le séjour d'Algérie. Cet exode à partir du mois de juin est vraiment extraordinaire. Ce qui l'est non moins c'est la quantité d'eau minérale que l'Algérie reçoit de Vichy, de Vals, d'Orezza, de St-Galmier, de Pougue, etc.

Une bonne partie de la fortune algérienne est drainée de ce côté.

On serait mal venu de déconseiller les Algériens de fuir quand ils le peuvent les chaleurs parfois très douloureuses de l'été. Néanmoins nous pouvons bien faire remarquer que dans certaines régions algériennes, très élevées dans le massif de l'Edough par exemple, dans les verdoyants et frais replis de la Kabylie, véritable Suisse africaine, il serait facile de créer des stations estivales comparables à celles de

France. Les moins fortunés ou ceux dont les attaches familiales en France ont disparu pourraient s'y reposer.

Eaux minérales. — Enfin comme eaux minérales l'Algérie à peu de chose à envier à la France. Le territoire du département de Constantine possède des sources avec les minéralisations les plus variées : malheureusement aucun de ces courants populaires qui déterminent la vogue et la fortune d'une spécialité ne s'est encore manifesté à l'endroit des eaux minérales algériennes.

Le catalogue méthodique des eaux minérales du département, au point de vue médical, est encore à faire.

Nous nous bornerons à énumérer celles qui nous paraissent les plus intéressantes.

1° Eaux alcalines bicarbonatées sodiques

De telles eaux qui pourraient en une foule de cas remplacer différentes sources de Vichy, de Vals, d'Erus, de Royat, existent sur le territoire d'Akbou (résidu 0 gr. 750 ; bicarbonate de soude 0 gr. 517).

A Beni-Ismaïls (territoire de Sétif), résidu 2 gr. 830, bicarbonate de soude 0 gr. 679 ; à Aïn-Hamza (Takitount), résidu 2 gr. 552, bicarbonate de soude, 1 gr. 317 ; à Aïn-Sennour, près de Souk-Ahras, résidu 3 gr. 812, bicarbonate de soude 1 gr. 658 et traces de fer.

Plusieurs sources diversement minéralisées existent dans la région du cap Aoukas.

2° Eaux sulfureuses

Plus de 30 sources sulfureuses, les unes froides, les

autres chaudes et jaillissant même à une température de + 95°, sont connues dans le département.

On trouve toutes les variétés sulfureuses sodiques, s. calciques, s. magnésiennes, s. alcalines, les unes pouvant remplacer l'eau d'Enghien, les autres offrant les mêmes avantages que les eaux de Luchon, de Bigorre, de Cauterets et les Eaux-Bonnes.

Enumérons seulement les principales sources :

Sulfureuses sodiques

Hammam des Bibans, commune de Bordj-bou-Arréridj.
Hammam Sibal, — Bougie.
Hammam Salain, — Biskra.
Aïn-N'Kebersa, — Aïn-M'lila.
Hammam Meskoutine, — Clauzel.
Hammam des Djendell, — Jemmapes.
Hammam Tassa, — Souk-Ahras.

Sulfureuses calciques

Hammam de l'Oued-Ksob, commune de M'sila.
Aïn-el-Hammam, — Bougie.
Hammam Hamimina, — Jemmapes.

Sulfureuses diverses

Hammam de Dalah, commune de Bordj-bou-Arréridj.
Hammam Mansourah, — —
Aïn-Bordj-Boni, — Akbou.
Hammam-Djebel-Morican, — Bordj-bou-Arréridj.
Aïn-Krebit-M'kartas, — M'sila.
Hammam de Kolba, — Mansourah.
Etc., etc.

Les eaux ferrugineuses carbonatées, crénatées ou sulfatées de Spa, Orezza, La Malou, Forges, Bussang,

Cransac ont leurs équivalents parmi les eaux des stations de :

Ferrugineuses carbonatées

Aïn-Mou-bou-Gacem, commune de Fenaïa.
Madaïa, — Bougie.
Stora, — Stora.
Oued-Hamimim, — Jemmapes.
Aïn-Tesselent, — Akbou.

Ferrugineuses diverses

Aïn-Krousa, commune de Rirha.
Aïn-Mâallah, — Fedj-M'zala.
Aïn-el-Hadjel, — —
Aïn-Sidi-el-Kramis, — —
Mjez-Toblet, — Milah.
Ayaka, — Smendou.
Aïn-Sievers, — Ouled-Rhamoun.
Damrémont, — Philippeville.
Aïn-Zolnna, — Ouled-Zenati.
Guergour, — La Calle.
Hammam-el-Haltaf, — —
Etc., etc.

Sans aller à Baden, à Bourbonne, à Luxeuil, à Salies de Béarn, à Dax, a Carlsb'ad, à Châtel-Guyon, on peut trouver toutes les variétés d'eaux chlorurées froides ou chaudes parmi les sources de :

Hammam-Beïnen, commune de Mansourah.
Hammam-bou-Sellam, — Rirha.
Hammam-Ouled-Seflan, — —
Source de Biskra, commune indigène de Biskra.
— d'Aïn-Aïoum, — —
de Chetma, — —
— d'Aïn-Soukria, — des Eulmas.
Etc., etc.

Des eaux acidulées simples ou complexes semblables à celles de Bussang, St-Galmier, Condillac, jaillissent sur les territoires des communes de Guergour, Tébessa, Souk-Ahras.

Enfin plus de 25 sources thermales simples sont connues dans le département de Constantine.

La plupart de ces sources étaient connues des Romains. Partout des ruines témoignent de l'empressement que ceux-ci mirent à les capter et en faire usage. Qui leur rendra leur ancienne splendeur ? En ce moment un industriel promène en tonnelet dans Souk-Ahras l'eau d'Aïn-Semour, qu'il place plus ou moins facilement à raison de un sou par litre et il est presque impossible de boire à Sétif l'eau délicieuse de Takitount qui à 24 kilomètres de Sétif est presque abandonnée. Mais on voit sur toutes les tables des bouteilles très coûteuses de St-Galmier et de Vichy.

Parmi les industries d'ordre chimique qui pourraient prendre leur essor et prospérer en Algérie, citons encore l'industrie du Camphre. L'Europe va chercher ce produit en Polynésie. Il y a quelques vingt ans, M. le comte Landon ayant remarqué l'analogie du climat du littoral algérien avec celui des Iles de la Sonde essaya d'acclimater le camphrier dans ses propriétés de Philippeville.

L'essai réussit parfaitement et M. Landon se disposait à assurer dans une vaste entreprise la création de forêts de camphrier en Algérie, quand diverses circonstances anéantissent ses projets.

Il serait à désirer que de nouvelles tentatives soient faites. Elles réussiraient certainement.

La culture du Canuabis-Indica (chanvre Indien)

pourrait être plus étendue. La feuille pulvérisée remplacerait avantageusement la poudre de pyrèthre qui coûte très cher, est très employée et qui nous vient du Caucase.

Il est à regretter que dès la conquête on n'ait pas acclimaté le quinquina en Algérie imitant en cela l'exemple que l'Angleterre nous donne dans ses colonies d'Asie.

Cela serait d'autant plus utile que l'Algérie est un des pays où l'on consomme le plus de quinine.

L'Amandier, le Ricin s'épanouissent mieux qu'ailleurs sous le climat algérien. Peut être un jour l'industrie de l'huile retirée de ces espèces pourra-t-elle être établie avec profit.

Constantine, octobre 1899.

TABLE DES MATIÈRES

Alger-Mustapha. — Imp. Giralt, rue des Colons, 17.

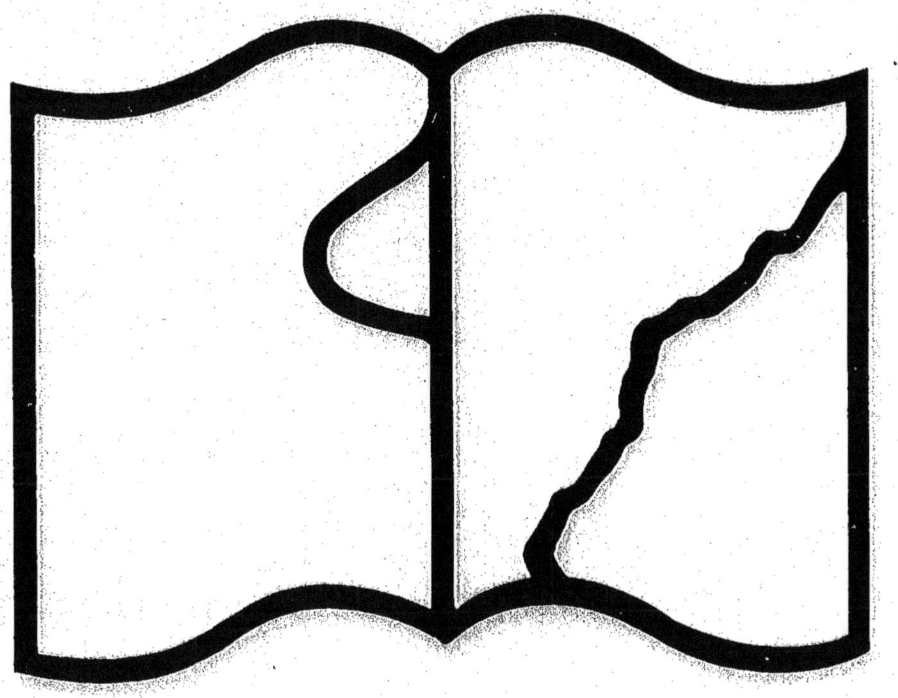

Texte détérioré — reliure défectueuse

NF Z 43-120-11

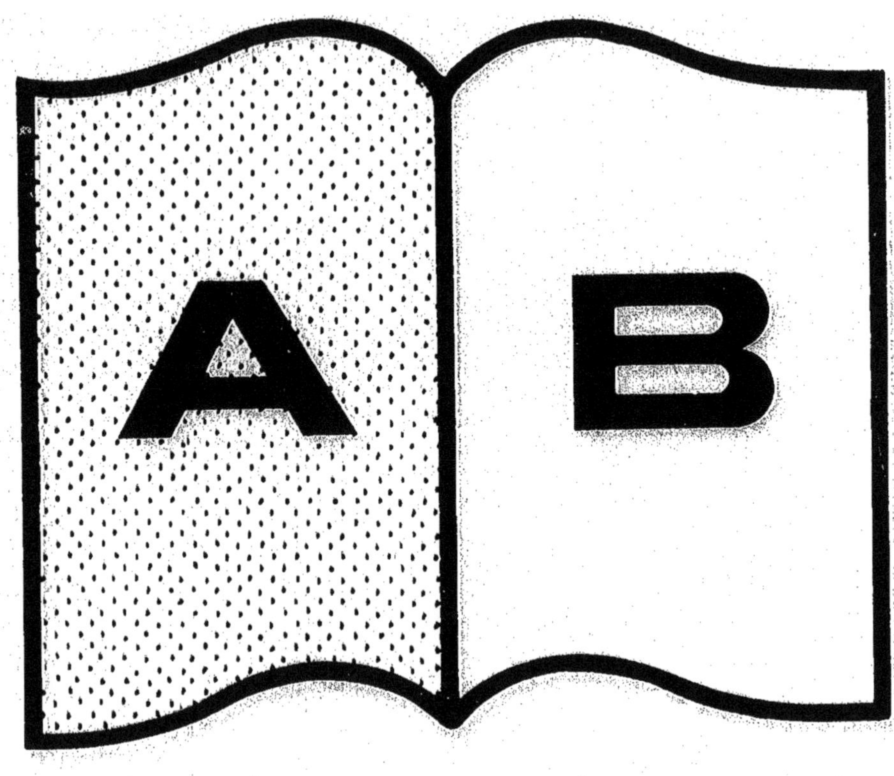

Contraste insuffisant

NF Z 43-120-14

www.ingramcontent.com/pod-product-compliance
Ingram Content Group UK Ltd.
Pitfield, Milton Keynes, MK11 3LW, UK
UKHW020342250726
13967UKWH00005B/2084